길을 놓다

길을 놓다

김경호 시집

도서출판 두엄

시인의 말

첫 시집 이후

갈무리한 내 삶의 궤적들

낄 자리가 아닌데

난전을 편다

이게 아닌데

어눌하고 말이 많았다

풀쐐기처럼 아린

시 한 구절 찾아

다시 만 리를 헤맨다

2018년 가을 단풍 물드는 용두곡에서

김 경 호

차례

1부

■

2부

3부

4부

■김경호 시 읽기

1부

또 다른 사랑

겨울 새벽하늘 끝까지
물결무늬로 저어가는
저 철새들의 궤적

뼛속까지 비워 낸
타는 심장 앞에 놓인
울렁이는
그대는

닿아서 혼절하고 싶은
거대한
한 잎의 바다

병산(屛山)* 에서

은행알 한 무더기 하얗게
모래톱 위에서 빛나네

검은 머리 갈대들 우수수
갈바람 안아 견디는 강가
수많은 발자국 모래 위에 어지러운데
물가에서 망설이다
서늘한 강물 입맛 다시고
왕버들 갈대숲으로 사라져 갔네

물결무늬 모래톱 쓰다듬다
가만히 이명 소리 귀 대어 보네
가을 병산(屛山)은 가마솥 걸어
삼베보자기 적셔 멥쌀가루 안치고
산에 들에 가을 열매 켜켜이 고물 얹어
가마솥 더운 김 올려
면보(綿褓) 얹은 시루도 매운 눈물 찔끔거리며
먼 고향 돌아오는 식솔 기다리는데

강 건너 배고픈 짐승들
시루에 담긴 떡 구경하다
은행 열매만 줍다가 누고 갔네
저 건너 푸른 물빛 앞이
김 오르는 떡 시루 병산(餠山)인 줄 모르고

멀어지는 멧돼지 가족들
바쁜 발걸음 소리 들리고
여름 강물이 누이고 간 모래톱 위에
은행알 한 무더기
강바람에 씻겨 곱네

미안한 병산 산빛 온종일
강물에 붉네

*원래 한자는 屛山이나 餠山으로 상상함.

고라니와 까마귀

남장사 가는 4차선 국도 위
까마귀 떼가 서성이고 있다
어린 고라니의 로드 킬이다

먼 숲에서 나와
낯선 길 건너다
영영 잃어버린 이승의 길
어지러운 차선을 피해
바쁘게 지나왔지만
또렷하던 그 푸른 눈빛

길 위에 널려진
이를 악물고 버티었던
어린 고라니의 마지막 흔적을
까마귀가 데려가는 중이었다
멀리서 까마귀들은
다시는 소리 낼 수 없는
어린 것의 순간을

바라보았던 것일까

지금쯤 볕 드는 양지쪽
까마귀들은 상수리나무 아래 모여
어린 고라니를 데려와
쓸쓸한 목소리로
장사 지내주고
가다가 끊어진 길 이어주고 있을까

어디서 와서 어디로 가려 했는지
숨통을 놓으면서
고라니가 마지막 바라본
가을 하늘에
낮달이 지워지지 않는다

잠진도 블루스

잠진도 무진장 조개구이집
지글거리는 양념 조개 위로
치즈 가루 같은 노을이 뿌려진 건
2년 전이었다
그 집 맞은편 소나무식당에서
오늘은 밴댕이 무침회를 뒤적이다니
오전 작업 후 몽땅 털어가 먼지만 남은
텅 빈 숙소를 비운 허기로
노가다 셋이 낮술을 기울인다

시멘트 가루 자욱한 지옥 터널
불꽃 튀는 레일과 침목과 씨름하며
레미콘 반죽에 자빠지던 어제가 좋았다 그쟈? 하며
물렁해진 무침회를 뒤적이지만
밴댕이는 간 데 없고 일 없는 오후
우리 옆을 기웃거리는 저 갈매기는
그때 그 갈매기인지
함바집에서 소주잔 털 때마다

구석에 앉아 먼지 묻은 초코파이 씹을 때마다
욕 달고 다니던 반장 새끼도 언젠가 그리워질까

2년 전 놀러 왔을 땐 무진장 추억이었던
그 집 보이는 잠진도는
여전히 시무룩한 바다 곁에 있고
오늘은 이 현장, 1년에서 5일 빠지는
해직 노가다들이 무침회를 나무란다
철근 만지던 너의 손가락뼈를 묻고 온
그 터널 속에 빛나는 기차는 들어오고
우리와는 상관없는 여객기가 뜨겠지만
뿌연 황사 바람만 빈 접시에 내려앉는 오후

어느 현장에서 살아 다시 만나랴

선녀는 없다

실미도 배경으로 갯벌 위엔
끼니 놓친 백로들이 서성였다
마시란 해변 지나
선녀바위 길에
우산 받쳐 든
선녀는 없다

오늘 하루 고분(古墳) 같은 터널 속에
보아구렁이보다 긴 레일을 풀어놓고
터널 밖 젖은 레일은
녹슬어 갈 궁리를 하는 동안
작업등 희미한 지하 구간
통로 막은 시멘트 침목을 돌아가면
물웅덩이가 발목을 잡는데
미얀마, 미얀마 오케이 밖에 모르는
먼 남쪽 나라에서 온 너는
야 임마로 시작하는
쌍욕을 들어도

하얗게 웃었다

죄 없는 안전모 걷어차고 퇴근하는 길
잠시 을왕리 쪽 하늘이 열리고
엎질러진 선지 같은 노을 속으로
휘돌아 떠나는 비행기를 바라보는
여기는 정들지 않는 갯가
내 종착역은 미얀마처럼 먼 곳인지
마시란로 지나면 선녀바위로
마실 안길까지 걷고 걸어도
선녀가 지은 이름 선녀 바위에
선녀는 간 곳이 없다

철조망과 구름

레일이 날아오른다
철근 다발이 점보 여객기가
침목과 섞이어 날아오른다

펌프카는 구름 위로
시멘트 반죽을 쏘아 올리는데
심심한 신호수는 물을 뿌린다

지게차가 빨려든다
밧줄에 묶인 황소처럼
아득한 지하 동굴로 추락한다

철조망이 지키는 위험한 활주로
흰 구름이 모양을 바꾸는 동안
비행기는 지상에 남은 풍경을 빨아들인다

철조망 너머 영종대교가 있고
철조망 너머 소금창고가 있고

철조망 너머 빛과 어둠이 있다

가을 하늘에 붕대 같은 구름이 뜬다
태초에 철조망이 있었다
피 묻은 철조망 밖에 흰 구름이 있다

길을 놓다

출발역이어서
더 이상 갈 곳 없어서
콘크리트 침목을 깔고
레일을 얹는다

저 먼 정거장 분기점까지 오백 미터
압송관은 쉬지 않고
시멘트 반죽을 토하고
끝없는 소음과 삽질
욕설과 고함을 미장하는 하루

개 잡다가, 씨름하다가
설거지하다가, 지게차 타다가
그물 걷다가, 고난의 행군하다가
길 없는 사선을 넘어 여기까지 떠밀려 온
한 때 길 없던 그들

빛이 들지 않는

거대한 원형 석실 고분 속
녹슨 손가락뼈와 먼지 김밥을 으깨어
지구가 멸망해도 끄떡없을
길을 내며 오늘,
반죽 위에서 오체투지 하던
먼지 한 덩이
풀썩 레일 위로 엎어진다

길을 놓는다
칭-, 칭-
레일이 운다

먼지 지옥

공룡 뼈마디 같은 철근 다발이
머리 위에 떨어지면 죽을 것 같은 침목 다발이
안전모 위에서 터널 속으로
수없이 불안하게 빨려드는 동안에도
망할 너는 스마트폰 게임을 하고
나는 더러운 기둥에 몸을 기댄다

먼지를 견디다 희미해지는 오후
각진 터널 구간이 아가리 벌리는 동안
교육장 의자가 안녕한지 앉아보고
내려오지 않는 혈압 재며 찬물 들이켜
출석부에 서명하는 안전교육 시간

진폐 환자들이 맨얼굴로
콘크리트 기둥 면 갈이를 하는 동안
어디선가 물방울이 떨어지고
누군가 먼지를 들이쉬고
레일 절단기 불꽃이

주말 을왕리 해변 폭죽처럼 번쩍이는
여기는 회오리치는 먼지 지옥

잠의 터널로 기관차가 빠져나간다
철야 작업 마치고 새벽이
지상의 안개를 데리고 오는 동안
선로마다 물이 고여 내를 이루고
우리는 일어나 축축한 장갑을 끼고
또 다른 먼지 지옥을 향하여
첫날인 듯 물이 새는 작업화를 조여 맨다

궤도공 일기

철근 더미 위로 잠시
늘어진 용수철 같은
몸을 눕히면 자욱한
먼지 속에 작업등이 켜지고
터널은 희미한 아가리를 벌린다

안전한 작업, 안전한 순찰
출석부는 언제나 안전을 호명하지만
기침하며 갉아내는 터널 벽
그라인더 불꽃이 먼지가 되어
떠도는 여기는 어디인가

이음새마다 물이 새고
이 터널이 처음인 듯 조립되고
반죽되고 봉해지는 야간 타설 구간
두 공수(工數)*의 더럽고 축축한 밤은
더 느리게 지나가고

썩은 레일 위로
빛나는 새 기관차가 손 흔들며 들어올 때까지
거대한 지하 터널 속
레일 절단기 굉음과 불꽃들이
하늘을 찌르는 여기는
먼지와 지옥이 나란한 곳
아비규환이 가까워진다

*공수(工數) : 1명의 작업자에 의해 행해지는 작업량을 시간으로 나타낼 때 사용되는 단위

멀구슬꽃

— 이중섭 고택에서

멀구슬 꽃들이
평상에 내려앉아
사람을 기다린다

저 한 평짜리 방
실겅에 매달려
웃고 장난쳤을 아이들
어성초 이파리같이 비린 삶
그때 남녘 낯선 포구에도
오월이 오고 멀구슬꽃 피어
향기가 초가를 덮고
젊은 가장은 팽나무 아래서
섶섬 시린 바다 빛깔만
가슴에 퍼담았으리

안개 바다로 가는 길목
가지 꺾인 늙은 팽나무는
아직도 농게들이 바쁘게 오가는

자구리 해안을 내려다보는데
봇짐 지고 낯선 골목 웅크려
함박눈에 젖던 가난한 네 식구는
지금 어디쯤 걸어가고 있는지

칠십 년 서귀포 바닷바람도
허물지 못한 초가집
집주인만큼 나이 든 멀구슬나무가
평상을 내려다보며
꽃비를 뿌리고 있다

1종 보통

한여름 초상집 같은 더위가 도착한 아침
닫힌 창문 너머 방충망에
참외 씨 하나 걸려있다
날 새기 전부터 쉬지 않고 쫑알거리며
좀처럼 보이지 않는 참새들은
어디가 많이 아픈 것일까

아름다운 당신 힘내세요
뒤에서 사정없이 밀어 드릴게요
전직지원센턴지 실직지원센턴지가
효과적인 자기 탐색
적극적인 심리진단 참여
전투적인 구직 활동을 위해 하라는
어지간한 적(的)인 것들은
지난 몇 년간 죽지 않을 만큼 했는데

실업수당 쪼개어 늙은 강사 핀잔 들으며
정해진 주행코스 사흘 동안

미친 내비게이션처럼 돌고 돌다가
마침내 검정 시험일
재수 없는 1번 응시자가 되어
쓸데없는 100점으로 합격한 오늘

글러 먹은 재취업을 위해
일주일 후 1종 보통 받기로 하고
빈집에 돌아와 찬물에 말아 먹는 밥
1종으로 받아 들면
2종보다 아름다운 세상은 열리는지
마른 참외 씨는 아직도
방충망을 빠져나가지 못하고
거미줄 피해 잠자리 몇 마리 맴도는
하늘엔 흰 구름만 돌아눕는 오후

붉은 소금

— 금닭과 은닭이 옌징에 남겨준 것은 소금물뿐이네 소원을 빌겠어요.
다시는 이렇게 무거운 소금물 긷지 않게 해주세요 —*

저 강은
언제 거꾸로 흐르나
손바닥 같은 소금밭 받쳐 든
천 년을 마르지 않는 소금 우물
얼마나 지고 또 퍼내야
여인들의 눈물 그치는지

소금밭에 몸 절이며
고드름 맺혀 등에 박혀도
도화염(桃花鹽) 진주처럼 꽃필 때까지
태양과 바람은 언제나
짠맛만 일러 주었네

오늘도 당나귀 방울 소리는
홍염(紅鹽) 싣고 떠나는 먼 설산 재촉하고
천 년 동안 물지게 져도
저 흙탕물 하나 건너지 못해
천 년이 갔네

한 번 흘러간 난창 강물
다시 오지 못하네

*티벳 동부 옌징, 수억 년 전 바다가 솟아올라 생성된 강가, 산기슭에 만든 소금밭. 여인들이 소금 물통을 지고 가파른 소금밭을 오르내리며 2,700여 개 염전에서 연간 500여 톤의 소금을 생산하며 부른다는 노래.

바닥

내가 처음 세상에 왔을 때
만났지만 잃어버린 곳

살면서 가장 순한 손길이
어루만져 주던 곳

때론 그대에게 보여주지 말았어야 할
가로의 궁극

누구나 세상 떠날 때
잠시 차례를 기다려야 할 먼 곳

어느 생에선가 나는
내려가 본 적 있지

종유석이 자라 석주가 되었을 때
비로소 동굴에 닿은

그대 눈빛 같은, 그 별빛
만난 적 있었지

어디 바다뿐이겠어요

파도 소리 들리는 곳까지
단숨에 달려왔다지요
해당화 보러 간 북항 방파제
해당화 향기도 이제는 끝물
붉은 열매만 만지작거리다
저 을왕리까지 갔다지요
햇볕 다녀간 따스한 너럭바위에서
잠시 파도소리에 눈감다 바라보는
고향 먼 사람들의 바쁜 비행기
노을빛 번져오는 물길 보며
일렁이는 윤슬 위로 걷고 싶다던
부딪는 파도 소리 귀 먹는 동안
하늘은 가득 새털구름 펼쳐
깃털마다 채색해 밀려와
잠시 온 세상이
가을 감나무 밭처럼 일렁이던
어느 날의 저녁 하늘,
엎질러만 놓고

황급히 돌아서야 했다지요
갈매기 떼가 놓친 상현달과
두 눈으로는 다 담지 못한
치잣물 번지는 서녘과 바다 풍경이
못내 서운하지만
어디 저무는 것이 바다뿐이겠어요
저 세상 너머 휘도는 비행기들
서녘으로 남녘으로 해지기 전에
그리운 집 찾아 멀어지는데
고개 들어 바라보는 먼 비행 구름
지워질 궤적을 품고
벌써 어둑어둑 어깨가 무거워지는 하늘
어디 그립고 쓸쓸한 곳이
바다뿐이겠어요

저녁 물가에서

기다린 장마가 그친 저녁
바쁘지 않은 애견들은
주인의 목줄을 쥐고
돌다리를 바쁘게 건너가고
저 왜가리는 호박돌 위에서
끼니도 잊은 듯
제 그림자만 비춰보는 저녁 물가

앞산 위에서
땅거미 가까이 다가올수록
은빛 송사리들 반짝이며
물 위로 솟구쳐
동그라미 하나씩 물고 바쁘게 사라지고

아직 허기진 백로 한 마리
흰 날개 접어 뛰어가
돌부리 흔들어보지만
피라미들은 모두 숨고 없는데

오늘도 물가를 걷는
이제 성한 데 보다
상한 데가 더 많은 사람들
저녁 물가에 꽂힌 부들처럼
이 물가 떠나지 못하고 돌아오는데

산책길 따라 왕버들 다시 피고
좀작살나무 올해도 자주 구슬 품었는데
손금마다 가시지 않는 이 비린내
내 손바닥이 기억하는
먼 빗살무늬

당진일기1

— 음섬포구에서

그라인더가 불꽃을 토하며
여름 한낮을 매미처럼 울다 지치고
작업복에 핀 소금꽃이
덜컹거리는 세탁기 뱃속에서 지워지는 동안
아득한 마음의 진창
저무는 갯벌 음섬포구 찾아 나섰네

저주받은 낙타 행렬 메르스가 지나가고
파도가 부려놓은
키 낮은 개펄 언덕들
나아갈 수도, 돌아갈 수도 없는 갯가에
무슨 받쳐 들 그리움 남아 있어
접시꽃은 낮달을 향해 저리 붉은지

저녁 안개 풀어지는 수평선 위
무지개가 잠시 걸렸다 사라지고
썰물에 갇힌 어선들
저희끼리 흔들리며

먼 길 가는 기러기 울음소릴 내는데

마른 따개비 가득한 뒤집힌 폐선 위
왜가리 한 마리 떠날 줄 모르고
물때도 잊은 서해대교는
먹빛 바다를 향해
소름 같은 불빛만 게워내고 있었네

당진일기2

— 왜목에서

석문바위 진달래
저리 고운데
먼 길 떠난 해미는
돌아오지 않고

안개 너머 저기쯤 국화도는 있는지
어리굴에 잎새주 한 잔으로
빈 갯벌 같은 가슴
쓸어내리는 오늘

해 지고 뜨는 일
세상 어디나 있는 일
이제는 어디에도 뜨고 지는 일 없는
먼 곳에 계신 당신

왜목 마을에선 저 석문 언덕 너머
해가 지고
저 섬과 섬 사이 다시 뜬다는데

승선권 알 수 없는 폐선과 함께
가랑비 내리는 개펄에서
밀물보다 해풍에 기대는 오늘

석문에 걸린 진달래 지고
푸른 잎 돋아 단풍 들 때까지
어리굴 껍데기처럼 갯벌에 남았다
영영 잊어버릴 당신

내일도 해 지고 달뜨는
서쪽으로 나는 가지만
잠시 외딴 마을에서 발길을 돌리는 오늘
이제는 가끔 그리운, 그래서
더 먼 당신

김밥 천국

얼마나 등 돌려 얼굴 지우고
우동 국물에 김밥 적셔야
내 순서는 오는지
꺼지지 않기 위해 안간힘으로
아무래도 거기까진 닿을 가망 없는
군데군데 얼룩 묻은 회색 잠바들
어제 핀 소금꽃은 환한데

춥거나 덥거나
다치거나 위험하거나 앞장서야
일용할 양식이 기다리는 아직은
실직이 아니라 휴직이라며 웃는
앞니 빠진 육체파 노동자를 위해
표정 없는 그녀들도
지지고 볶아 토막을 치다가
냅다 천국 앞 하수구를 향해
개숫물 들이붓는 새벽

얼어붙은 가로수 은행알 떨어져
눅눅한 작업화에 엉겨 붙는
천국 밖에선 싸락눈 내리고
내 이름 없는 데스라* 기다리다
빈 손으로 돌아서지만
한 번도 천국인 적 없는
주말이면 천국을 자처하는
복권 천국 옆
김밥 천국은 성업 중

* 데스라 : 출역(出役), 당일 공종별 노동자의 인원 현황

문풍지

나는 그대에게
문이 되지 못했네

그저 종이 한 장처럼
가벼운 사랑

바람이 불 때마다
전깃줄보다 먼저

보이지 않게
겨울을 견디고 멀어져 가는

그대여, 듣는가
겨울밤 문밖에서

누가 숨죽여
흐느끼는 소리

2부

사랑

나사못 하나
가슴에 심었네

먼 여름날 아침
이 못 부풀어
붉은 나팔꽃 피울 때까지

나는
천천히
녹슬어 가네

봄비는 오는데

일 년 만에 얼굴이나 보자는 후배와
거친 손마디의 날들 이야기했네
주인 없는 빈방 소주병처럼
공치고 누워있던 하루
소라 껍데기 같은 마음 초장 묻혀
염장 지르는 빗소리도 욱여넣었네

아침부터 아파트 공터엔
등나무 사이 잠도 없는 참새 떼는
늦잠을 깨웠고
불 꺼진 아파트 모퉁이 돌 때마다
은행나무는 겨우내 하루에도 몇 개씩
은행 열매를 설사하고 있었네
아무래도 볼일 없는 후미진 동네
새벽 대문 누가 나서는지
궁금하지 않은 동안
산은 헐리고 통행료가 생긴 지 오래인데

마누라 한쪽 유방은 이제
떼어내야 한다는 후배도 한 잔,
대책 없는 나도 한 잔
불콰한 맥주병 나가떨어지고
우리가 입맛 다시는 동안
데친 오징어 옆구리가 터지고
봄비 종일 그치지 않는데
낮술에 기댄 담벼락
바지춤 올리고 나서는 골목길
제비꽃 한 무더기 길 비켜 피어 있었네
벽 짚은 왼 가슴 시큰거렸네

꿈꾸는 이야기

저 불온한 도시 아파트 숲은 이제
거대한 아쿠아리움이 되었지
상어가, 펭귄이 되고 싶은 족속들과
길고양이와 희고 검은 개의
휘장을 가슴에 뽐내는
족속들이 살고 있지

악어와 코뿔소
싸움닭과 독수리 그리고
퓨마가 되고 싶어
수몰의 날 기다리거나
힘센 덩굴들이 건물을 점령하여
밀림이 되는 그날
부활을 꿈꾸며

밥 짓고 새끼 낳으며 노래를 하지
알맞니? 봤지? 내놈아!
저 불길한 도시 고층 아파트 창가

긴 이빨과 날카로운 발톱을 숨기고
주일이면 성전에서 기도하던
그 짐승들 그림자가 어른거리지

참, 꿈꾸는 이야기지

누떼의 시간

망설이지만
거역할 수 없는 시간이 온다

강을 건너야 하는 누떼들
복병은 늘 악어 아가리처럼
깊이 숨겨져 있어
불어난 물살 속 몸부림보다
악어 이빨이 언제나 먼저였다

건널 수 없는 불어난 강물
하류를 향해 등 떠밀려도
무사히 건넌 누떼들
콧김 날리며 들판을 달리지만
붙들린 누떼의 낙오병은
강물이 숨긴 이빨에
덜미가 잡혀 멀어져 가고

풀냄새보다 피비린내 가득한

한 무리가 떠난 한여름 풀밭
상처 입은 누의 새끼같이
세상은 늘 불안한 밤의 연속
멀리 하이에나 울음소리
이명처럼 들려오고

거역할 수 없는 하루가
내 목을 물고 흔든다

잉여 나사

곁불 쬐며 작업화 녹이는 그들 중
같이 출근한 늙은 신 장로는 보이지 않고
동짓달 아침 8시는 오네
방글라에서, 캄보디에서
우즈벡에서, 호치민에서
어디서 노숙하는지 뿔뿔이 모였다 흩어지는
잉여 나사들
외롭고 미끄러운 공장 지붕 위에선
동짓달 차가운 햇빛도 발전(發電)이 되는지
나사처럼 목구멍 조여 가며
얼어붙은 초코파이 같은 하루가 가는데
언제부터 길을 잃어
이른 아침 곁불 함께 쬐며 우리는
먼 가족들의 저녁을 생각하나
돌아앉아 집광관(集光版) 조립하며
이 사장! 씨발, 우리 이 정도 실력이면
NASA에서 발주하는 화성탐사선
태양전지 조립하러 오라는 거 아이가, 걱정이네 ……

박 사장! 씨발, 거기 갈 차비도 없는데 ……
작업반장 인상같이 찌푸린
오후 3시의 하늘
3시에 맞춰 눈도 비도 내리지 않고
오늘도 물 건너간 하느님의 은총,
데마찌 난 신 장로, 돌아간 언덕 너머
타워크레인 위로 배고픈 낮달은 뜨지만
가본 적 없는 화성도 금성도 우주선도
우리에겐 멀기만 한데
저 겨울 강 다슬기 한 마리
얼음장 아래 모래톱 더듬어
녹슨 골짜기까지 길을 내네
세상에 없던 길을 놓네

천국을 아시나요

오늘도 일용할
잡일은 주시지 않고
위장전입 마다한 죄
선대부터 부동산에 무관심한 죄
남들처럼 절세하지 않은 죄
양심적으로 병역을 필한 죄
죄 많은 이 자들은 주말마다
작업조끼 등짝 소금꽃
얼룩이 마르기도 전에
김밥천국 옆 복권천국
그리운 천국행 표를
간구 하나이다

멀고 긴 하루의 땀방울
한 때 식솔을 위해 흘린 땀
삼십 미터 에이치 빔 위에서 멀미하며
계절이 바뀌도록 집 비운 동안
내 집은 빈 집처럼

호박넝쿨 마당을 뒤덮고
언제 피었는지 하늘나리 꽃대가 지고
무화과나무 가지는
내 손을 잡는데
이 집 식구들은 넝쿨을 넘어
어디로 먼 길 떠났을까
이제 넝쿨이 점령한 낯선 집

어둠이 내리는 창문 밖
일수 명함 바람에 휘날리며
그들만의 천국 앞으로
먹구름 떼가 몰려 온다

잡부 제씨

따신 데 어디 없나,
겨울 어물전 열기 같은 얼굴로
너는 말했지
소한(小寒) 날, 바람 부는 응달
공장 지붕 모퉁이에 쪼그려
고드름 같은 나사 조립하며
투덜거려 보지만
어디 편한 데 없나,
그런 일 있으면 너의 일 아니지
더럽거나 어둡고
먼지처럼 슬프거나
이런 날 아무도 손들지 않을 축축한
녹슨 철근 아래
안전모 쓰고 기어야 지나는 곳들이
너의 차지지, 오늘도 밥맛 없는 함바집
출입문 걷어차며
얼룩진 작업복 벗을 겨를 없이
으슥한 벽이면 그냥 오줌 갈기는

따시지 않아도 바람 불지 않고
바람 불어도 소음 없는 곳에 가고픈
여기는
오천 평 공장 푸른 지붕 위
서릿발에 미끄러져 넘어지던
골절의 아픔도 가시고
저 태양광 발전기 돌아가기 시작하면
도꼬마리 씨앗같이 슬쩍 아무 소식 없을
그래도 한 시절은 잘 나갔다던
잡부 제씨,
밤마다 공장 지붕 새우잠
발 시린 꿈 꾸며 안도하는
바람결엔 작부로도 들리고
그 작업반장 새끼는 대충
어이! 로 부르는 너는
이름도 자주 가물거리는
잡부 제씨

푼다는 것

웃장을 정리하며
상자에 담긴 색색의 또아리들
삼십여 년, 전표철처럼 다소곳하게
너를 매고 긴장하며
고개 숙여 밥을 구하고 가끔은
굴욕의 나날 견디었느니
내 면목을 위해
나보다 더 힘겨웠을 넥타이여
이제야 놓아주노니
가거라,
이렇게 많은 색색의 비단뱀 또아리를 매고
내 덫인 줄 모르고
소 잔등 같은 먼 산 보며
머리숱이 희어지고 등골 휘며
퇴근길마다 헛구역질하였구나
잘 가라, 다시 오지 않을
청춘의 강물이여
내려놓아 풀고 나서야

비로소 가벼워지는 것
그래야 더 먼 숲길 보이고
먼 길 가다 만난 시 한 구절도
풀어놓아야
핏빛 노래가 되는 것을

월천리 솔섬

오지 않을 낙타의 무리를 찾고 있었다
강 건너 솔섬이 보이는 월천리
지난 밤 추암 해변의 파도 소리를
묵호의 곰치국과 정선막걸리를
과음하지 말았어야 했다

모래 사구 둥근 발자국을 따라가다
백사장 한 켠, 저토록 낮게 핀
가을 민들레 한 송이
말갛게 나를 올려다보고 있었다
아직도 더운 입김 한숨씩 밀어 올려
월천리는 월천(越天)을 준비하는가
산다는 것은 때로는
지나간 낙타의 발자국을
허리 굽혀 혼자 찾아야 하는 일

솔섬 너머 화살처럼 꽂힌 기중기들
호산항을 배경으로 녹슬어 가고

뭇 별들이 뜨고 지는 궤적 따라
철새들의 잠도 깊어지겠지만
길어지는 사구의 그림자를 등에 얹고
별자리 찾아 떠난 낙타 기다리다
마지막 쓴물마저 게워내며 나는
월천리를 돌아서야 했다

와온에서

한 번도 지상에 없었던
구름이 출렁이며
밀물의 등을 어루만져 주었네

어두워지는 길 쪽으로
빈 등을 떠미는 명주바람
새들도 저무는 둥지 찾아
저녁을 재촉하는데
한 때 그대는
저 개펄 속에서 들끓다
바다갈대 숲을 비켜 떠나갔네

꼬막 껍데기처럼 떠밀려
다시 벌판에 서네
와온에선
잇꽃 꽃물 노을에 마음 뺏겨
바다도 오던 길 놓치고
지는 해 따라 솔섬에 드네

늙은 암소 한 마리
가을 감잎 같은 구름 보며
여물 여물 되새김질 하네
한 세상이 펄럭이며
저 눈에 들어가 앉아 있네

그날의 피로연

궁전 같은 건물로 한복 입은 여자들이
말춤을 추며 빨려 들어갔다
금테 안경을 낀 주례*는
하객들의 수업 분위기가 유난히 좋다며
5분 더 주례사를 연장하였지만
하객들은 벌써 식권을 내밀었다
주례를 기다리다 식어버린 갈비탕은
호주에서 왔다고 했다
국물을 저으며 '우리 입맛에는 역시
서해를 건너와도 배추김치지요' 하고
그는 만만한 소주를 따며 싱겁게 웃었고
동해를 동해라 부르지 못하는 연어살은
태평양을 건너와
접시 위에서 단풍처럼 붉었다
테이블마다 낯모르는 자식들의 학업을 자랑했고
흰머리가 많아진 친척의 노후를 걱정하고
보이지 않는 이들의 안부를 궁금해하며
잃어버릴 전화번호를 주고받았다

식어 빠진 잔치국수 면발 같은 하루,
신랑 신부가 폐백마치고
썬그라스 끼고 식당으로 내려와
말춤에 답하며
행복하게 웃어줄 때까지
그날의 피로연은 끝나지 않았다

*박기영 시인의 딸 결혼식에 이문재 시인이 주례를 섰다.

맥도날드와 롯데리아를 망설이는 사이

맥도날드와 롯데리아를 망설이는 사이
부산행 아홉 시 무궁화는 출발했다
빗방울 묻은 차창을 닦으며
느린 속도로 배경들이 지나갔고
강으로 창을 낸 집들과 무채색 고층 빌딩들이
처음부터 나는 싫었다
잘 있거라, 시무룩한 한강의 불빛들아
맘에 들지 않던 천국의 냄비 우동들아
불 꺼진 인천행 전철은 달려와
화들짝 놀라며 다시 흘러가는데
말소된 지번으로 그들의 독촉장은 날아들었고
단식 농성자들 배고픈 텐트 위로
사수들은 물대포를 때렸다
쾌적한 여행환경 조성을 위해
지하도에 가 누우라는데
때에 절은 배낭을 멘 그는
끝내 협조하지 않았다
악을 쓰고 버티지만 모르는 척하는

오늘도 그저 그녀인 그녀들,
검은 손톱과 긴 손가락은
스마트폰 속 다중(多衆)의 표적을 향해
고개도 들지 않고 불을 뿜었다
부산행 아홉 시 발 무궁화는 달리고
나는 읽다가 쓰다가 선잠이 들었는데
옆자리에선 자꾸, 꼭 내 아들 같다며
자리를 권하고 사양하길 반복하는 동안
캄캄한 차창 너머 어둠 속에서 불쑥
천국의 붉은 십자가와 빛나는 지붕들이
나타났다 사라졌고, 역무원은
정차하는 역마다 친절하게 환승을 권했다
맥도날드와 롯데리아를 망설이는 사이,
치워도 치워도 줄지 않는 빈 쟁반을 정리하던
서울역 햄버거집 노인의 뒷모습이 왠지 낯이 익었고
소읍의 무심한 불빛들은
언 강물 위로 흘러가고 있었다

사문진에서

일몰의 사문진에서
은행나무 건반이 연주하는
소나타를 듣네

오선지를 풀어내며 강물은 뒤척이고
한 무리 청둥오리 떼
저마다 음표 되어 헤엄치는데

강 건너 먼 산과 갯버들
그대와 나 멀어진 거리만큼
흔들리는 실루엣

바람 부는 강둑 걷다가
마른 감국(甘菊) 향기 맡으며
바라보는 저 푸른 별빛

가슴으로 저무는
저 먼 길

3부

강

저 강은 오늘도
바다를 끌어당겨
젖 물리고 있는데

반세기 만에 돌아와
빈집에서 북어처럼
말라가는 어머니

다섯 살배기 도리질도
잊고 있었던
저 마른 젖 물고

노을 고운 하늘 보며
나도 같이
잠들고 싶네

앵두나무 옆 우편함

늦은 귀갓길 우편함에서 편지를 꺼내다
풀잎 뭉치가 만져졌다
온기 감도는 부드러운 풀잎
아직 풀빛 묻은 이끼도 섞여 있는데
한가운데가 오목한 둥지
아, 여기 누가 둥지를 짓고 있었구나!
며칠 전부터 나보다 먼저 일어나
담장 옆 붉게 익은 앵두나무 위
분주하게 오가며 지저귀는
딱새 두 마리,
앵두 따다가 담장 위 걸쳐 익은 가지들
따지 않고 그냥 두었더니
마당에 가끔 앵두알 굴러다니더니
앵두나무 옆 우편함 둥지를 틀었구나
결 고운 풀잎들 물어 와
두려운 눈빛으로 알 낳고 싶었구나
급히 우편함 하나 더 달아
새에게 내어 주고

하나는 내가 쓸 요량이었으나
치자꽃 향기 지고
분꽃 피는 여름 올 때까지
앵두나무 붉은 가지 담장에 앉아 기다리며
앵두 눈물 뚝뚝 흘려 빈 가지 될 때까지
옆집 옥상 까치들 아침마다 아무리 울어쌓아도
앵두나무 옆 우편함으로
노랑딱새 깃털 닮은
꽃 편지 한 통
끝내 도착하지 않았네

홍련은 지고

그대 기다리다 홍련은 지고
서늘한 빗돌과 반석만 남은
겨울 유등연지
마른 꽃대들 고개 숙여
연밥마저 비우고 쓰러졌는데

기별 없이 성내 갔다가 싸락눈으로
이제야 연밥 한 그릇 지어
굳은 손마디로 마른 연잎 펴
수저 가지런히 차려 놓으니
저녁노을 고운 연지에서 오늘은 그대,
찬은 없지만 어서 드셔요

재 너머 몰래 달려온 걸음
연밥 드시는 소리마저
눈 내리는 소리에 묻혀
쑥부쟁이 마른 풀섶 둥지에서
고개 갸웃거리던 물닭도

잠이 드는데

지난 여름 소나기 후두둑
팔조령 저 굽은 산길 넘어오면
나무마다 백일홍 피워 물고
반가운 손 흔들던 날
홍련 향기에 취하던 그대

저 물가 서성이는 벼슬 고운 물닭처럼
영영 떠나지 못해도
조반 드실 싸락눈
싸락싸락 그대 앞에 쏟아져도
나는, 나는 모르리니

동양리 가는 길

눈빛으로만 말했던
어머니
누구도 동화를 읽어주지 않던
나는 일곱 살

대문 없는 돌담길 옆
혼자 하는 공기놀이
공기 알 높이만큼
불안하던 빈집
긴 장마 끝에 아버지 과수원으로
끝없이 덮쳐오던 홍수는
아직 눈에 선한데

아침이면 손마디가 굵어져
지금도 알 수 없는
어린 새벽이 시린 발 구르며
사금파리 위 서리가 반짝 빛나던
혼자 서서 기다리던 길

아직도 가고 있는
동양리라는 먼 길

뒷모습

설날 차례 음식 몇 개
집집마다 보자기에 나눠 싸는데
오랜만에 만져보는
빛바랜 보자기 한 장

입춘 지났지만 겨울 더 가까운
대문 밖엔 아직 대한(大寒) 바람 서성이고
오십 년 넘어도 지워지지 않는 길
검정 고무신 끌고 몰래 보던 뒷모습

헤진 보자기 접어 쓰고
장갑도 없는 빈손으로
다시는 오지 못할 길 나서며
돌아보고 돌아보던 그 모습

이젠 허물어져 사라진 골목 어귀
그 날 이후 성장 멈춘 다섯 살 아이
새벽 따가운 흙바람 안고

시린 맨발로 혼자 서성이네

폐차와 나는 발이 묶였네

오늘 아픈 곳이 많아 두 시간째
나는 기다려야 하네
“우리 나이로 치면 70입니다”라며
그들은 흰 장갑 끼면서 결연하게
현금결제를 강조하는데
얼마나 많은 길들을
낮은 무릎으로 기어왔는지
대기실 유리창 너머 길게
아픈 몸 마디마디 풀어
검은 눈물 뚝뚝 흘리며
여전히 너는 말이 없고
그들 말대로 70이 넘어
긴 시간 흰 침대 오르내리다 보면
끌고 다닌 먼 길들
문득 그리워지는 것일까
공구함 속 반짝이는 스패너들처럼
앞으로 나란히 살아온 날들은
지워진 지문처럼 보이지 않고

오늘도 지갑엔 현금 없이
먼 창밖만 바라보는데
언뜻언뜻 낯선 얼굴들이 지나치는 유리창
표정 없는 그녀가 끄는
유모차가 지나가고
빈 상자 가득 실은
실버카도 느리게 지나가며
나른한 것들은 모두 분해되고
다시 조립되는 흐린 오후,
횡단보도 건너 암소 한 마리 집
관절 없는 허수아비 풍선은 춤추고
참숯과 생갈비 마을이 겹쳐졌다 사라지는데
낡은 구두에 묻어와 이제는 가고 없는
잃어버린 길들
전조등 부품 기다리며 하염없이
폐차와 나는 발이 묶였네

그 말

지상에 없었던 말
캄캄한 감옥 같은 말
먹구름 위에서 천둥 치는 말
빙하 속에서 백만 년을 견딘 말
땅속을 흐르는 붉은 광맥 같은 말

쓰러진 홍련 꽃대에 걸린 말
함께 별똥별 바라보며 하고 싶은 말
고향 집 마당 새벽에 내린 감꽃 같은 말
먼 새벽 나서는 시린 손 맞잡으며 하는 말
어둔 골목 걷다가 뒤돌아보며 해주고 싶은 말

그믐밤 반딧불이 같은 말
우체통 옆에 서 있으면 생각나는 말
수도암 앞마당 먼 산 실루엣 보며 되뇌는 말
그대 섰다 간 빈 자리 해국 지기 전에 하고 싶던 말
어미 배에 등 기댄 아기 혹등고래가 부르는 노래 같은 말

세상에서 가장 힘든 말
세상에서 가장 아픈 말
세상에서 가장 긴 말

영원히 지워지지 않을
그리운
그 말

고모역

봄날의 안부가 궁금하던
그날도
깨진 창문 틈으로 봄비가 반짝였다
철조망 너머
굳게 갇혀있는 웅크린 짐승처럼
궂은비 내리는 고모역,
돌아오지 않을 피붙이 보내고 기다리던
빛바랜 나무 의자가
낡은 유화 액자처럼 걸려있고
언제던가
아픈 언덕 휘돌아 떠난 통일호는
끝내 돌아오지 않아
가로로 누운 침목(枕木)들만
붉은 녹물 받아 젖는데
고모령 산허리 돌아서며
한없이 돌아보던 늙은 어미들,
서러운 노랫소리 다시 들리는 밤
가로등 길어진 그림자 뒤로

굳게 닫힌 불꺼진 고모역
다시 백미러에서 멀어지는데
그날은 봄비도 함께
어머님의 손을 놓고*
캄캄한 대합실 밖에서
끝없이 서성이고 있었네

* '비 내리는 고모령' 노래의 첫 소절

고래를 기다리네

지난 여름 고래를 찾아
고래보다 더 큰 배를 타고
시인들이 단체로 바다를 헤맸네
보이지 않은 고래를 찾는 동안
무명가수는 내 나이가 어떠냐고
서울서 온 시인은 기념사진은 어떠냐고
여성 시인들과 팔짱 끼며 웃는데
울렁이는 바다를 아무리 게워내도
보이지 않았네

고래를 찾던 전날 밤
우리가 고래라 부르는 임 시인은
고래처럼 맥주 들이켜며
몇 살인지, 어디서 잡았는지 모를
고래 고기를 샀네
오징어배 집어등 환한 정자 바닷가에서
고등어 떼처럼 취한 우리는
고래 고기를 씹으며 고래고함 지르며

이 바다가 다 니꺼냐며
무료점거를 항의하는
평상(枰床) 주인과 날이 밝도록 싸웠네

장대비 들추며 새벽까지
바다가 우리를 마시고
파도 곁에서 죽은 돌고래처럼 누워
잠결에 아득히 귀신고래 솟구치는 꿈만 꾸었네
더 이상 우리에게 고래는 없고
반구대 물빛 닮은 임고래만
대구분지에 자주 출몰하여
우리를 불러 밤새도록
정자 바다만큼 술 마시게 하였네
아직도 가끔 소식 없는 고래를 기다리네
가버린 시절을 기다리네

20090120

— 영화 「두 개의 문」을 보고

그대 오지 마라, 아직
우리의 아침은 오지 않았다
누가 푸른 새벽 그립다 하는가
붉은 눈물 흘러 강물 되도록
이 땅의 버려진 아침은 오지 않았다

두 평 망루에 갇혀
참혹한 새벽 바라보던
그대 부릅뜬 두 눈,
누가 쓰러질 망루에 올라
찢어진 깃발 세우게 하였는가

더 이상 갈 데 없는
지상의 마지막 방
우리들 말문마저 끝내 막아서던
미친 크레인 불빛들
새벽이 오면 안 되는 것인가
깨진 창밖 맑은 바람 한 줄기와

지상에 내려와 젖은 몸 누일
따뜻한 이부자리 한 장 그리웠을

그대들이여, 오지 마라
불길과 분노가 막아서던
우리가 기다리던 철문은
굳게 아직 열리지 않았다

불타고 다시 그을려도 떠날 수 없던
본래 그대들이 주인이었던 방 한 칸,
포크레인 삽날에 찢기고 찢겨
흙먼지 되어 흩날릴지라도
결코 잊지 말아라 형제여
그대들은 아직 쓰러지지 않았으니
그 눈빛 영원히 꺼지지 않는
불기둥이었으니

양치를 위한 기도

주여, 이제 다시 성찬의 주기가
돌아왔나이다
저들에게 전능한 언변보다
진정 그들이 먼저
클로즈업하게 하시고
후레쉬하게 하시고
화이트 스파클하게 하시고
덴티스테하게 하시고
송염하게 하소서, 그래도 부족하면
양치의 비방들 거두시고
저들의 사기질에 더 이상
현혹되지 말게 하소서
이때마다 복된 그들은
치아미백 자랑하며
언 손 잡아 악어눈물 보이고 갔지만
여전히 부재중인 궁민들은
젖은 거적으로 먼지바람 부는 지하도 헤매다
태평성대 노래를 듣나이다, 부디

다가오는 계절에는 아침마다
치약 짜는 손 가볍게 하시고
거품 무는 입마다
기뻐 노래하게 하소서
아니면 저들이 양치할 때마다
칫솔이 목저(木箸)되어
모골 송연하게 하시고
세상 모든 시련으로
벌하소서, 아멘

열 두 시간

무인 경비가 해제되는 열 두 시간
비릿한 공기를 비집고
황금빛 출입문이 열리고
젖은 낙엽과 담배꽁초와
피 묻은 이쑤시개를 쓸어내는 시간

오늘도 안녕해야 할 열 두 시간
미끄러운 비린내를 비질하다가
봉걸레를 밀며 욕하다가
음악 그친 지하실
시큼한 어둠을 불러내다가

30인분 밥솥에 김이 오르는 시간
식은 밥공기를 뒤집어 엎는 시간
돈육 파편들이 접시에 쌓이는 동안
배롱나무 꽃잎은 하염없이
지겨운 시간을 헤아리며
주차장 마당에 내려앉는 열 두 시간

카톡 카톡 부채질하는 안부를 외면하는 시간
밥상을 치우고 술상이 춤추는
무한 반복의 열 두 시간, 열 두 시간을
기다리며 달리는 동안 우리들의 갑(甲)은
천국에서 사우나에서 18홀에서
다 내려다보고 계신다

한물 간 유원지 느리고 탁한 물결 위에
황사바람 유난히 떠나지 못하고
한 번도 자맥질 해 본적 없이
맴만 돌다 묶여있는 오리배 몇 마리에게도
불타는 열 두 시간을 바친다
변함없는 미소와 함께
18홀에서도 다 알고 웃는 갑과 함께

죽도산 해국

거기에도 연보랏빛
꽃 한 송이
피기 시작하나요

사람 그리워 바다에 가서
갈매기 울음소리만 귓가에 젖어
갯바위 옆에 묻고 온 마음

그 곳에도 한 무더기 꽃대는
바람 불어오는 쪽만
바라보고 있나요

만발한 해국 옆으로
의심 많은 고양이들만
눈치 없이 지나가고
죽도산 전망대 바다 물빛 닮은
저 적막한 꽃잎

바다 향해 피었지만
바다를 잊고
사무치는 파도소리도 잊은
영영 그 바다 떠나버린
귀먹은 해국

거기에도 엄마 닮은
서러운 꽃 한 송이
흰 구름처럼 피었다 지나요

붉은어깨도요

오늘
내장을 비우고
다리근육을 줄이고
심장과 위장을 다시 줄여
1만 1천 6백 80킬로미터 하늘길을
다만 그리움만을 경유지 삼아
먹지도 자지도 쉬지도 않고
건너가 닿아야 하는
가혹한 비행을
감행한다
사랑아

4부

갈아엎다

달밤에 반딧불이
놀라 날아오른다
습진같이 떨어지지 않는
진딧물, 탄저병에 두 손 두 발 다 들고
보름 달밤을 허옇게 갈아엎는다

환한 달빛에 신난 트랙터는
밭머리 지나는 동네 사람
한마디씩 거드는 한낮을 피해
일천오백 평 우리의 원수 고추밭에
길을 내며 돌고 돈다

트랙터 삽날에
익어가던 고추대궁 줄지어 쓰러지고
시퍼런 늦여름 달 지도록
고추밭에 새 길이 난다
일천오백 평 초보 농부 새가슴에
허연 길이 생긴다

상사화 지는 아침

자귀나무 꽃 진 그늘
몰래 피었다 지고 있는
집에 들이면 바람난다는 꽃
상사화

울 아배 이쁘다 구해와 심고
울 어매 말없이 대문 밖으로 뽑아 던지던
이젠 심고 캐낼 이 없는
꽃 없어 어둡고
잎 없어 서러웠던
저 꽃도 지고

두고 온 부석사 저녁노을 같은
내 저린 마음
꽃대 쓰러지는 쪽으로
자꾸 기울어지는
이 지독한 여름

우듬지 잘려나간 저 늙은 모과나무
올해도 열매 없이
청량산 흰 구름만 세고 섰는데
식전부터 딱따구리 한 마리
저 나무에 몸 부비며
오체투지 하고 있다

후진 바다

7번 국도 따라
쓸쓸한 동해안 달리다 보면
작은 후진 바다 있지
아침이면 맨 먼저
앞마당 가득 밀려온 파도 자락
백사장에 개어 놓고 하루를 시작하는
넘어져도 바닷가 평상 옆,
길고양이들 몇 마리
낯선 손님 아랑곳 않고 어슬렁거리며 으스대는,
많은 이름 두고 왜 후진 바다냐 물으면
맘씨 좋은 주인은 그저 빙그레 웃기만 하는
작은 바다 민박집
이름은 후지지만 앞마당 파도 자락
언제나 푸르게 펄럭이고
바다에서 갓 잡은 고등어며 줄돔들
길고양이들이 물어다 놓아 사철 펄떡이는 곳
미니버스 커피점 창가
한 아름 파도와 마주 앉으면

별빛 가득 커피잔에 내려와
달콤한 시럽이 되는 곳
해당화 피는 동해안에 가면
후진 바다 있지,
아무도 후지다 생각지 못하는
이름만 후진, 아름다운 바다
도회로 돌아와 후미진 골목 지날 때마다
순한 파도 소리 귓바퀴에서 늘 떠나지 않고
그 여름날 모래톱 돌아 나오는 등 뒤로
달빛 윤슬 가득 넘쳐나
먼 눈망울 속에 담아 두고 온
이제는 그리운 이름이 된
작은 후진 바다

정라진에서

정라진에 가면 바다의 손금 따라
녹슨 가로등이 켜진다
어판장을 낀 골목마다
정겨운 사투리 좌판도 걷히고
부둣가에는 빨래와 건어물들
온종일 함께 볕을 쬐다 돌아가고 나면
정라항, 파도 소리 가까운 횟집마다
그리움의 소금기는
백열등 불빛으로 배어나오고

좁고 가파른 언덕 위
먼 등대를 내려다보는
푸른 지붕들
담장도 없는 빈집엔
해당화 저 혼자 해연풍에 지는데
오지 않네,
백복령 너머 꿩의바람꽃
만나러 간 그 사람

동해 척주비에 걸린 노을이 지고
이제야 먼 물길 나서는 닻배
폭풍주의보 걷힌 해안선 따라
그렁그렁 집어등 켜지면
스르르 곰치 한 마리,
정라항 낡은 어망 빠져나와
괭이갈매기 떼 몰고 방파제 나서며
푸른 파도 한 자락 베어 무는데

축서사

산벚꽃 환한 문수산 아래
높고 굽은 길
서걱거리는 겨울 모래 밟으며 갔네
저녁노을에 젖어
아픈 허리 누이던 먼 산 보며
이제야 봄소식 전하러 왔네
저 산 능선 바쁜 새들이 쉬어간 자리마다
푸른 힘줄은 걸려있고
대웅전 가는 기와 담장 너머
한 겹 한 겹 애써 졸음을 참던
늦은 목련도 잠시 숨을 고르는데,
멀리 첩첩 산들
눈 아래 감겨오던
그 늦은 봄 축서사 앞마당
하얀 꽃잎 나부끼는
벚나무 사이를 걸어갔네
꽃다지 흐드러진 과수원엔
다리 저는 고양이 한 마리

폐교처럼 느리게 늙어가는데
축서사는 오늘도 저 먼
은행나무 꼭대기보다 멀리 있고
우리도 망연한 저 노을에 물드네
땅거미 내리는 마음 잠시 내려놓는 사이
구부러진 벚나무 우듬지에서
그리움으로 저무는 길 하나
청동 종소리와 함께 떠가네

일몰의 밥

일몰이 되어도 식구들은 오지 않고
혼자 일몰과 마주 앉는다
오늘도 구름은 청량산에 푸르렀고
시간이 되면 뱃속은 시려왔다
몇 가지 식은 반찬이 놓여진
앉은뱅이 일몰만큼 화려한 밥상
생수 두 컵 따라서
혼자 먹기 섭섭해
김치 냉장고와 함께 앉아
일몰을 보며 밥을 먹는다
묻지도 따지지도 말고 사망하시라,
그러면 즉시 보험금이 나온다는 광고보다
말 없는 김치냉장고가 더 인간적이다
양념 절은 먼 곳부터 쉬어가는 김치를 안고
김치저장! 김치저장! 반짝이며
아삭아삭 맛관리 하는 너와
일몰에 젖어 어스름을 맞이하는 나는 오늘도
근무 중 이상무,

내 일몰의 밥상을 바라보는 다른 식구들
저 싱크대 위 일몰표 고춧가루와
일몰표 간장과 일몰표 천일염들이
반갑게 달려와 눈인사를 건넨다
식어 빠진 된장국보다 먼저
등 돌린 빈 밥그릇
모과나무에 첫눈이 내리기 시작하고
나는 내일도 먼지처럼 창밖을 기웃거릴 것이다
일몰의 언짢은 반찬 속 젓가락으로
하얗게 센 머리카락을 골라내는
발라먹다 만 구운 가자미가
일몰을 향해 헤엄쳐 가는 저녁

민들레차

막걸릿잔마저 나른한 봄날
민들레차 만드는 법
법대 나온 농부에게 배웠지요

지천에 피어나는 민들레
가위 들고 길 나서자
어린 꽃대들 모두 숨고 말아
동네 반 바퀴 돌아서야
한 움큼 따 모아
끓는 물에 데쳐냈지요

한지에 널린 민들레 꽃송이들
늦은 밤 객지에서 돌아와
양변기에 토하던 어느 날처럼
쓴 물 게워내며
첩첩산중 봄날 마당
물들이고 있었네요

서녘 하늘도 그날은 청량산 위에
설익은 꽃물 펴 놓고
점점이 쓸개즙 같은
눈물 찍어내고 있었네요

멸치 쑥국

오늘 '6시 내 고향'에
도다리쑥국이 출연했네
푸른 바다 바닥만 헤엄치던
흰 배가 슬픈 생선
거제 바다를 배경으로
유난히 렌즈 위에 뿌연 김을 내며
맛있게 포즈를 취하던
풀죽은 쑥과 도다리 살점들

산중에서 홀로 숟가락 들다 말고
쑥 한 줌 뜯어
술안주 하던 멸치 몇 마리 넣어
도다리쑥국 흉내 내보네
쑥 국물 향기 저 너머
쓸쓸한 갯내는 묻어나는 것인지

멸치 쑥국 멸치 쑥국
뻐꾸기도 오늘 후루룩거리는

도다리 쑥국이 아니고
멸치 쑥국
딸꾹질하며 퍼먹던
멸치 쑥국

나비야 미안해

그해 봄부터
나는 나비를 미워했네

지는 꽃잎처럼 팔랑거리며
떨어질 듯 쓰러질 듯
비닐하우스 안까지 날아와
잠시 쉬었다 갔는데

며칠 지나 한눈파는 사이
어린 배추 모종들
자고 나면 힘없이 스러지던
그날부터 묘판 지키며
나비만 보면 대빗자루 들어
나비 쫓아 휘둘렀지

나비는 손닿지 못하는 만큼
멀리도 가까이도 아닌 곳에 살고
나비는 나비가 다니는 길이 있어

빗자루도 급한 마음도 닿을 수 없는데

그 나비 애벌레 그냥 두어도
배추 포기 이랑마다 넘치고
배춧값은 포기당 200원
똥보다 싼 값인데

작년 그 배추흰나비에게
봄볕에 쪼그리고 편지를 쓰네

나비야 미안해

고추꽃에도 향기가

고추꽃에도 향기가 났으면 좋겠다
봄부터 땀으로 절은 저 꽃
흩어진 고랑마다
꿈속까지 따라와 피었다 지는
고추대궁 가지 울창한
아득한 허공

고추꽃 향기에 취해
칠월 한낮 이 징역의 시간들
멧비둘기같이 산그늘에 숨어
울어나 보나

비탈밭 더듬는 도랑물 소리 그치고
아득한 밭고랑 머리 어디쯤
물봉선 한 무더기 피면 지고 마는
쓸쓸한 별사탕 같은 꽃

오늘은 고추꽃 향기 맡으며

삼만 평 같은 고추밭 어질머리
탄저병처럼 얼룩얼룩
미쳐나갔으면 정말 좋겠다

수몰 지구

— 평은에서

외로운 사람만이 안다는
오솔길 찾아 평은에 갔네
녹슨 트랙터에 환삼덩굴이 올라앉고
부러진 감나무는 돌감 되어
허리 굽은 할머니를 내려다보는데
인진쑥 무성한 골목을 지나
금광리 옛 물가에 서면
발밑을 간질이던 금모래도
백사장을 달리던 무지갯빛
정든 피라미들도 이젠 떠나고
밤새 뒤척이던 그 여울 물소리
이제는 그쳤는데
영주 지나 태백 가던 철로도 걷힌
개망초 만발한 텅 빈 평은역
무심한 바람만 유리창을 들여다보네
이제는 지워지고 버려질
길고양이도 떠난 마을 안길
저 물길 건너 7부 능선

이주할 타향은 아직 소나무 숲인데
면사무소도 국민학교도
푸르고 붉던 가을 과수원도 물에 잠기고
눈감은 세월 흘러가 여기 오면
저 굽은 골목길에 피라미들이 마중 나올까
저녁놀 지펴 널어놓은 마지막 고추가
마지막 찾아 온 가을볕에
붉게 붉게 눈물 마르는
여기는 마을도 번지도 사라질
다만 영주댐 수몰 지구
외로운 사람이 알던 그 길은
이제 또 어디로 갈까

봄비나 맞을 작정이었다

아침부터 비가 와서 농사일 손 놓고
빗소리나 세며 빈집에 누웠는데
전깃줄에 멧비둘기 한 쌍
집안을 살피고 있었다
한참 동안 가지 않고 비 맞으며 중얼거리다
마당에 나서자 훌쩍 날아가 버렸다
산으로 둘러싸인 외딴집
찾는 사람 귀한 마당 한 켠에
모과나무 한 그루
마을을 내려다보며
제가 떠난 고향을 그리워하고 있었다
멧비둘기는 모과나무가 전하는 말을
내게 알리고 날아간 것이다
가지 꺾이고 뿌리 잘려 몸살 앓아
겨우 남겨진 몇 장의 이파리들
먼 청량산 봉우리나 바라보며
삼 년째 마당을 지키는 늙은 모과나무
연분홍 꽃잎 몇 장

발아래 던져두고 내게 말 걸어왔다
정들지 않을 산골, 같이 지내자고
나무는 나무끼리 서로 묶지 않고
나무는 사람을 묶지 않고
밑동만 남고 베어져 뿌리가 캄캄해도
굳게 서로 손잡을 뿐
지독한 노래로 땅속 더듬어
그대에게 다가가다 바위를 만나도
언젠가 바위 쪼개어 다시 다가갈 뿐
우듬지도 없는 늙은 모과나무는
헌화인 듯 여린 꽃잎 몇 장
젖은 발아래 던져 놓고
늦은 봄까지 이렇게
봄비나 맞을 작정이었다

겨울 월포(月浦)

사는 일은 보이지 않게
숨죽여 녹여내는 일
절벽에 기대어
해풍에 가벼워진
억새풀들이 일러 주었네

철 지난 백사장
저 무수한 발자국 너머
휘어진 해안선 끝으로
폭풍주의보 속 파도는 달려드는데

바다를 물고 달리다 길 잃어
끝내 덕장으로 몰려와
멀미 멈춘 꽁치 떼
꽝꽝한 저 해탈의 행렬들

희미한 낮달이 정박 중인 월포(月浦)에서
겨울 내륙으로 돌아가는

어두워지는 잔설도 쓸쓸한 길
남몰래 가슴에 박힌
호박돌 하나
폐선 옆에 내려놓고 왔네

지는 일

잎눈 뒤로 하고 꽃잎 진다
지도에도 없는 산길
오르는 걸음 환하게 밝히던
몇 날의 달그림자 이울던 자리
저기 어디쯤
이제는 지는 일뿐이라며

늙은 벚나무가 서 있는
가랑비 뿌리는 동화사 입구
꽃잎은 일제히 손 흔들며
일주문 가는 길을 막고
젖어 드는 봄 숲에 내려앉는다

상처 없는 꽃눈 어디 있으리
황사바람 흩어진 굽이 굽이
핏물 배인 꽃잎은 지고
흔들리는 푸른 연등이 남아
오래 숲을 기웃거린다

| 김경호 시 읽기 |

아무것도 아닌 자의 노래

김 재 성

지상을 등지고 어두운 터널로 내려간 그는 시인 김경호에서 잡부 김 씨로, 그리고 그냥 '어이'로 불리는 아무것도 아닌 자가 된다. 아무것도 아닌 자의 노래, 그것은 도시의 늪에서 흐물흐물 흩어지며 아무것도 아닌 사물이 되어가는, 바로 우리 자신의 노래가 아닌가.

1.

길 끝에서 길을 놓는다.

길이 끝나는 곳에서 길이 시작된다.

2.

인간이 시를 멈추지 않도록 신은 끊임없이 고통을 준다. 호메로스는 자신이 시를 읊을 수밖에 없는 이유를 이렇게 말한다. 10년간 전쟁을 치르고 다시 10년 동안 바다를 떠돌며 갖은 고초를 겪는 오디세우스의 울부짖음이 시공을 넘어 우리의 가슴을 울리는 이유, 그것은 고통과 시가 서로 되먹임 관계에 있기 때문일 것이다.

실명의 어두움 속에서 정처 없이 떠돌아야 했던 호메로스 역시 이향의 외로움과 고난의 삶을 살아야 했다. 늘그막에는 음유시인으로 이름값을 날리며 꽤 대접을 받았지만, 그의 서사시 역시 끊임없이 이어지는 역경과 이향의 외로움에서 비롯되었음이 틀림없다.

시에 대한 호메로스의 정의와 함께 시화(詩和)가 현실의 반영이어야 한다는 라이너 마리아 릴케의 생각은 김경호의 시를 이해하는 데 도움이 된다. 릴케는 '시는 머릿속에서 일어나는 상상의 산물이 아니라 현실의 세계에서 일어나는 일들이 시인의 내부에서 재구성된 구체적인 경험의 산물'이어야 한다고 말한다. 장미를 소재로 수많은 시를 썼지만, 그가 장미의 시인으로 일컬어지는 것은 비단 그가 쓴 시 때문만은 아니다. 오히려 릴케가 모든 열정을 쏟아부은 것은 시작(詩作)보다는 장미 자체에 있었다. 그는 장미 정원을 가꾸면서 봉우리가 맺히고 꽃이 피어나는 과정, 향과 모양이 변하고 조금씩 색이 바래지는 것을 세심히 지켜보았다. 릴케의 시는 그렇게 장미를 통해 바라본 인간의 삶 그리고 세계의 모습인 것이다.

시작(詩作)에 있어 사물과 현실에 끈끈하게 밀착하는

김경호 역시 방법적인 측면에서 릴케에 비견된다. 그러나 그가 다가서는 현실은 릴케의 장미정원처럼 아름답지 않다. 그의 시는 아름다운 여인에게 헌정되기 위한 것이 아니며 신 또는 신앙과 같은 형이상의 추구 역시 그의 관심이 아니다. 시집 '길을 놓다'의 실린 60여 편에 이르는 시는 한마디로 그가 세상과 부딪치며 만들어낸 상처이다. 시에 가까이 다가설수록 그 상처는 더 선연하게 우리의 눈에 들어온다. 흘러나온 피와 엉겨 붙은 혈흔 그리고 상처가 곪아 터져 흘러내리는 고름까지……, 그리고 마침내 알게 될 것이다. 시인의 상처가 우리 자신의 것이며 우리가 사는 세계의 모습임을.

3.

30여 년간 화이트칼라로 살아온 회사원 김 씨가 넥타이를 풀어 제치고 도착한 곳은 영종도 공항철도 공사가 벌어지는 터널이다. 하데스로 이어지는 계단을 따라 내려가는 오르페우스처럼 그는 타박타박 수직갱을 걸어 내려가 낯선 세계에 도착한다. 어둡고 습하다. 공사 소음과 분진 그리고 중장비가 내뿜는 매연으로 숨이 가빠진다. 그곳에서 시인 김경호는 이제 잡부 김 씨가 되고 결국은 이름까지 사라져 '어이'로 불리는 아무것도 아닌 자가 된다. 지하갱도에서 그를 맞는 이들 역시 잡부 김 씨와 다를 바 없는 잡부 제씨들이다. 떠나온 곳도 다르고 말씨와 생김새도 다르지만, 그냥 그렇게 불리는 사람들. 그곳에서 그는 이제 '아무것도 아닌' 공사장 잡부의 삶을 시작한다.

옷장을 정리하며
상자에 담긴 색색의 또아리들
삼십여 년, 전표철처럼 다소곳하게
너를 매고 긴장하며
고개 숙여 밥을 구하고 가끔은
굴욕의 나날 견디었느니
내 면목을 위해
나보다 더 힘겨웠을 넥타이여
이제야 놓아주노니
가거라,
이렇게 많은 색색의 비단뱀 또아리를 매고
내 덫인 줄 모르고
소 잔등 같은 먼 산 보며
머리숱이 희어지고 등골 휘며
퇴근길마다 헛구역질하였구나
잘 가라, 다시 오지 않을
청춘의 강물이여

내려놓아 풀고 나서야
비로소 가벼워지는 것
그래야 더 먼 숲길 보이고
먼 길 가다 만난 시 한 구절도
풀어놓아야
핏빛 노래가 되는 것을

–「푼다는 것」 全文

넥타이가 그의 목을 조르는 비단뱀이었음을 알아차리는 데 30년이 걸렸다는 시인의 말은 깊은 울림으로 다가온다. 여성들이 브로치나 목걸이 머플러 등 화려한 장신구로 자신을 치장하는 것과 달리 남성에게 허락된 장신구는 넥타이 외에 달리 없다. 하지만 회사원으로 평생을 살아온 이에게는 넥타이가 정말 장신구인지 의심스럽다. 어쩌면 그것은 자신의 점잖음을 드러내는 도구, 예의를 지키고 있다는 기호에 불과한 게 아닐까. 시인은 그동안의 헛구역질과 소심증이 비단뱀처럼 목을 조르던 넥타이 때문이었음을 고백한다. 이물스럽게 평생 자신을 휘감고 있던 넥타이를 벗어 던진 시인은 이제 시인으로서 자신이 있어야 할 곳으로 떠난다. 그리고 마침내 그가 닿은 곳은 기찻길을 놓는 공사 현장이다.

길은 도시와 도시, 사람과 사람을 이어온 문명의 동인이었다. 8만 킬로미터에 이르는 로마의 포장도로는 물론 곤곤한 삶의 흔적인 차마고도, 동서양을 잇는 비단길, 유목민의 초원길이나 고대의 호박길에 이르기까지 인류와 길은 불가분의 관계를 이어왔다. 인간은 끊임없이 길을 만들고 그 곁에 집을 짓는다. 그리고 길을 통해 공급되는 물류에 의지해 살아간다. 특별한 경우가 아니라면 길이 없는 사막이나 숲속에서 홀로 살아가는 것은 생각하기 어렵다. 그런 한 편 지배계급이 아닌 보통 사람들에게 길을 만드는 것은 가장 힘들고 고통스러운 부역이었다. 노예의 노동력에 의존할 수밖에 없었던 고대는 물론이고 지금도 길을 닦는 일은 수많은 사람의 수고와 고통을 요구한다. 사고로 인해 불구가 되거나 목숨을 잃는 이도 적지 않다. 길을 만드는 공사 현장 깊숙이 들어간 시인은 역사 속에서 숱하게 반복되어 온 인간의 고통, 노예의 삶을 살아야 했던 이들의 모습을 현재형으로 불러낸다.

빛이 들지 않는
거대한 원형 석실 고분 속
녹슨 손가락뼈와 먼지 김밥을 으깨어
지구가 멸망해도 끄떡없을

길을 내며 오늘,
반죽 위에서 오체투지 하던
먼지 한 덩이
풀썩 레일 위로 엎어진다
길을 놓는다
칭-, 칭-
레일이 운다

-「길을 놓다」部分

문명의 역사에서 수없이 반복되어 온 길 닦기의 곤곤함을 시인은 이제 자신의 몸으로 치러낸다. 그리고 빛을 등지고 서서 어둠을 바라본다. 그의 관심은 기차가 고속으로 질주하는 길이 아니라 그것을 만드는 사람에게로 향한다. 인간이 이룩한 화려한 도시 문명이 아니라 그것을 떠받치고 있는 어두운 터널 속으로 내려가 땀으로 범벅이 된 노동자의 처진 어깨를 바라본다. 그곳은 '레일 절단기 굉음과 불꽃들이/하늘을 찌르는/먼지와 지옥이 나란한 곳(궤도공 일기)' 이며, '그라인더가 불꽃을 토하며/여름 한낮을 매미처럼 울다 지치는(당진일기1)' 곳이다. 그렇게 날카로운 모(矛)를 드러내며 시속에서 이리저리 튀어 다니는 금속성 언어들은 읽는 이를 당혹하게 만든다.

현실의 이물스러움을 전해야 하는 시인은 친절하게 독자에게 다가설 수가 없다. 절망과 비애의 전언으로 가득한 시편들은 미적인 감상과 카타르시스보다는 편치 않은 읽기를 끊임없이 요구한다. 그리고 인내심을 가지고 호흡을 느리게 읽어나갈 때만 비로소 문을 열어준다. 그 시편들은 노래라기보다는 세상의 부조리한 관계가 맞닥트리며 내는 마찰음이며 서로 어울릴 수 없는 이질적인 소리들이 목청껏 쏟아내는 불협화음이기 때문이다. 그럼에도 우리는 그 시편들이 아름답지 않다고 불평하거나 외면해서는 안 된다. 그가 보여주는 세계는 시적 대상이기 이전에 우리가 만들어 낸 현실이며 우리와 동시대를 살아가는 이들, 바로 우리 자신의 모습일 테니 말이다.

그라인더가 불꽃을 토하며
여름 한낮을 매미처럼 울다 지치고
작업복에 핀 소금꽃이
덜컹거리는 세탁기 뱃속에서 지워지는 동안
아득한 마음의 진창
저무는 갯벌 음섬포구 찾아 나섰네

– 「당진일기1」 部分

시멘트 가루 자욱한 지옥 터널
불꽃 튀는 레일과 침목과 씨름하며
레미콘 반죽에 자빠지던 어제가 좋았다 그자? 하며
물렁해진 무침회를 뒤적이지만
밴댕이는 간 데 없고 일 없는 오후
우리 옆을 기웃거리는 저 갈매기는
그때 그 갈매기인지
함바집에서 소주잔 털 때마다
구석에 앉아 먼지 묻은 초코파이 씹을 때마다
욕 달고 다니던 반장 새끼도 언젠가 그리워질까

－「잠진도 블루스」 部分

두툼한 작업복을 입고 뙤약볕에서 일하다 보면 그 옷에는 하얀 소금 자국이 남는다. 땀이 옷을 통해 밖으로 나오면 뜨거운 태양이 곧바로 수분을 말려버리기 때문이다. 옷의 안쪽은 땀으로 젖고 바깥쪽은 바싹 마르면서 만드는 소금꽃, 그것은 한낮의 수고를 견디며 땀으로 범벅이 되어 본 사람만이 볼 수 있는 꽃이다. 물론 그 고난의 흔적이 아름다울 리 없다. 되도록 빨리 '세탁기 뱃속에 던져 넣어야' 하는 지저분한 자국일 뿐이다. 하지만 시인에게 그 꽃은 눈부시게 아름답다. 그뿐 아니라 공사장 위로 날아가는 기러기 붉은어깨도요 왜가리와 문득문득 스쳐 가는 바다의 풍경 저녁노을 무지개에 이르기까지 시인은 꼼꼼하게 바라보며 그 모습을 시속에 틈입시킨다. 어쩌면 그것은 절망의 땅에서 버텨내기 위한 시인의 몸부림이 아닐까.

뙤약볕 아래서 작업복에 핀 소금꽃을 바라보며 위안을 받는 것처럼 어두운 터널 속에서 시인은 고분 속에 들어온 것처럼 안온한 잠을 꿈꾼다. 물론 시멘트 가루와 분진이 뒤섞인 터널에서 간단없이 레일을 놓아야 하는 인부들에게 그러한 꿈이 허용될 리 없다. 곳곳에 설치된 CCTV는 그들의 작업과정을 감시하고 채찍만 들지 않았을 십장은 지친 작업자에게 욕설을 멈추지 않는다. 잡부 제씨는 물론 십장 역시 '천국에서 사우나에서 18홀에서 다 내려다보고 계시는' 甲의 감시에서 벗어날 수 없기 때문이다. 공사장 안에 서 있는 두 개의 자아, 즉 시인 김경호와 잡부 김 씨는 밝음과 어두움, 지상과 지하, 시와 노동으로 갈라지는 두 세계의 경계에서 그렇게 서성이며 시를 갈등의 상황으로 몰아간다.

이오가 100개의 눈을 가진 아르고스를 벗어날 수 없는 것처럼 인부들에게 허락된 자유는 오직 일하는 것, 그리고 주어진 노동을 마무리하고 지상으로 올라가는 것뿐이다. 그들이 일을 끝낼 때, 이미 어두워진 지상에는 아름다운 조명이 해변의 선녀바위를 비추고 공항의 불빛이 유혹하겠지만 그들은 아랑곳하지 않는다. 그 화려한 불빛들이 집어등에 불과하다는 것을 잘 알기 때문이다. 먼지 지옥에서의 시간을 뱉어내기 위해 초코파이 안주로 소주잔이나 털어 넣을 수 있다면, 운이 좋아서 물렁해진 무침회나 밴댕이로 칼칼해진 목을 적실 수 있다면 그뿐이다. 다시 찾아올 새벽이 너무 거칠지 않도록, 곤곤해진 몸이 12시간의 노동을 잘 치러낼 수 있도록 잠이나 자둘 수 있다면 그것으로 족하다.

철조망이 지키는 위험한 활주로
흰 구름이 모양을 바꾸는 동안
비행기는 지상에 남은 풍경을 빨아들인다

철조망 너머 영종대교가 있고
철조망 너머 소금창고가 있고
철조망 너머 빛과 어둠이 있다

가을 하늘에 붕대 같은 구름이 뜬다
태초에 철조망이 있었다
피 묻은 철조망 밖에 흰 구름이 있다

–「철조망과 구름」 部分

잠의 터널로 기관차가 빠져나간다
철야 작업 마치고 새벽이
지상의 안개를 데리고 오는 동안
선로마다 물이 고여 내를 이루고
우리는 일어나 축축한 장갑을 끼고
또 다른 먼지 지옥을 향하여
첫날인 듯 물이 새는 작업화를 조여 맨다

–「먼지 지옥」 部分

자본주의의 꽃이라 불리는 공항은 늘 북적이고, 미끈한 비행기가 착륙할 때마다 선남선녀와 행복한 여행객들이 쏟아져 나온다. 그러나 인부들에게 그것은 그냥 그림일 뿐이다. 공항과 공사장의 경계에는 감히 범접할 수 없는 두꺼운 철조망이 가려져 있기 때문이다. 철조망은 공사장과 화려한 공항 그리고 자유로운 바다를 차단시킨다. 인부들이 만든 길은 하늘에서 땅으로 내려온 이들 그리고 땅에서 하늘로 올라가는 이들을 위해서지만 공사가 끝나기 전까지 철조망은 그들의 이동을 허락하지 않을 것이다. 인부들은 그저 철조망 옆에 서서 '엎질러진 선지 같은 노을 속으로/휘돌아 떠나는 비행기를 바라볼' 수밖에 없다.

시인은 철조망이 차단하는 것이 단지 공간이 아니라

보다 근원적인 경계임을 눈치챈다. 문명이 태동하기 이전부터 만들어진 인간의 갈등, 빈부와 계급의 구조적인 결과임을 간파하는 것이다. 인부들이 철야 작업을 마치고 새벽이 오더라도, 마침내 공사가 끝나고 기차가 여행객과 선남선녀를 실어 나르더라도 그들에게 바뀌는 것은 없다. '공구함 속에 스패너처럼' 또는 '미얀마 미얀마, 오케이밖에 모르는' 이국의 인부들처럼 몸의 근육이 노동을 허락할 때까지 그들은 그냥 그곳에서 살아가야 한다. 공사가 끝난다 해도 그냥 함바집에서 죽치며 기다릴 수밖에 없다. 인부들의 유일한 꿈은 운 좋게 다시 선임되어 이 공사장에서 다른 공사장으로 옮기는 것뿐이니 말이다.

4.

인간은 자신이 가진 것, 자신이 욕망하는 모든 것을 돈으로 환산하도록 길들여져 왔다. 물론 그러한 환경을 만드는 것은 돈을 가진 쪽이며 그들이 지배하는 자본주의의 물신일 것이다. 이 땅의 가난한 이들 그리고 연해주 미얀마 네팔 등에서 흘러온 이들이 지하갱도로 내려오는 이유, 그것은 돈이 필요하기 때문이다. 먹을 것을 얻기 위해, 아이 병원비를 위해, 자녀를 학교에 보내고 입히기 위해……, 돈에 의해 움직이는 세상을 만들고 끊임없이 닦달하는 자본주의 물신 앞에서 그들이 달리 선택할 방법은 없다. 하루 치의 노동과 하루 치의 돈 그리고 쳇바퀴를 벗어날 수 없다는 하루 치의 절망뿐이다. 그렇게 땀으로 범벅된 노동, 인부의 삶을 통해서 시인이 보여주려는 것은 무엇일까.

땀의 가치? 노동의 숭고함? 삶의 의미와 진정성? 시인은 단호히 거부한다. 거친 노동을 끝낸 인부들에게 주어지는 잠깐의 쉼은 뜨거워진 기계 열을 식혀야 하는 시간에 불과하다. 그리고 들판에서 뜯은 쑥과 멸치로 끓인 쑥국과 술은 엔진을 가동하기 위한 주유일 뿐이다. 그들은 이미 끊임없이 맞물려 돌아가는 거대한 톱니바퀴에 일개 톱니로 전락해버렸기 때문이다.

지독한 절망의 시다. 하지만 우리는 시인의 절망 앞에서 비로소 문제가 무엇인지 생각하게 된다. 인간의 노동은 끊임없이 반복된다. 매일 산정으로 바위를 밀어 올려야 하는 시지포스처럼 노동을 멈출 수 없다. 하지만 시인이 말하고자 하는 것은 그런 거창한 인간의 숙명성 따위가 아니다. 노동의 불합리성이나 자본주의의 문제를 개선하자는 것도 아니다. 그저 시인의 눈으로 바라본 현실을 있는 그대로 보여주려는 것뿐이다. 먼지와 굉음 속에서 묵묵히 일하는, 그렇게 일할 수밖에 없는 인부들, 이미 도구와 수단으로 전락해버린 사람들……, 하지만 말하지 않는다 해도 시인의 전언은 큰 울림으로 다가와 공명을 일으킨다. 우리가 살아가는 세계의 부조리 그리고 수단이 아닌 목적으로서의 인간 가치를 회복하려는 시인의 몸부림이 그렇게 명민한 독자의 가슴과 동조될 때 이 세계는 마땅히 가야 할 곳으로 조금쯤 방향을 틀게 되지 않을까.

5.
오늘
내장을 비우고
다리근육을 줄이고
심장과 위장을 다시 줄여
1만 1천 6백 80킬로미터 하늘길을
다만 그리움만을 경유지 삼아
먹지도 자지도 쉬지도 않고
건너가 닿아야 하는
가혹한 비행을
감행한다
사랑아

–「붉은어깨도요」 全文

시인이 바라보는 세계, 시인이 그리는 이상향은 너무

멀리 있어 보인다. 그러나 우리는 눈을 들고 바라보아야 한다. 붉은어깨도요가 날아가는 곳, 그리고 붉은어깨도요가 마침내 이를 땅을.

– **김재성(金在星)** / 시인, 국제기술사, 지반·지하공간전문가

이 도서의 국립중앙도서관 출판예정도서목록(CIP)은 서지정보유통지원시스템 홈페이지(http://seoji.nl.go.kr)와 국가자료공동목록시스템(http://www.nl.go.kr/kolisnet)에서 이용하실 수 있습니다.(CIP제어번호: CIP2018037278)

길을 놓다

2018년 11월 20일 초판 1쇄 찍음
2018년 11월 30일 초판 1쇄 펴냄

지은이 _ 김경호
펴낸이 _ 나문석
편집디자인 _ 장상호

펴낸곳 _ 도서출판 두엄
등록번호 _ 제03-01-503호
주소 _ (41969) 대구광역시 중구 명륜로12길 21
대표전화 _ (053)423-2214
전자우편 _ dueum@hanmail.net

ISBN 978-89-85645-74-4 03810

＊이 시집은 2018 대구문화재단 개인예술가창작지원으로 출간되었습니다.